W0280306

© ÉDITIONS ÉQUINOXE
Domaine de Fontgisclar
Draille de Magne
13570 BARBENTANE

ISBN 2-84135-149-1
ISSN 1264-4714

Texte Callixte Cocylima
Illustrations Régis Ferré

Petite Anthologie de l'Ocre

ÉQUINOXE

PRÉFACE

Autrefois, on connaissait, dès le collège ou le lycée, les ressources naturelles et minières de son pays. La géographie, avec ses originalités régionales, et les sciences se conjuguaient, à la faveur d'un bon apprentissage de notre patrimoine artisanal et industriel.

En phase foudroyante de déclin, les ocres de Roussillon étaient inconnues au Larousse de la France géographique et touristique de 1952 ; elles sont aujourd'hui un passage quasi obligé de tout guide et de tout reportage sur la Provence.

Ce cliché best-seller de quelques falaises rouge-orangé ont fait de l'ocre une curiosité.

La réalité est beaucoup plus riche.

Par son tonnage, l'ocre s'est développée comme une industrie et par sa fabrication, elle a toujours conservé un cachet artisanal. On la rencontre sur tous les continents.

Elle nous procure un lien avec la terre, cet ancrage rassurant et chaleureux commun à tous les arts primitifs, que l'on retrouve en force dans un art contemporain en transition de millénaire et en quête d'un sens symbolique nourri par la matière.

Au fil de ce livret...

100 MILLIONS D'ANNÉES... .... *page 8*

LE TRAVAIL DE L'OCRE .... *page 17*

L'ÉPOPÉE OCRIÈRE .... *page 47*

LES MILITANTS DE L'OCRE .... *page 57*

LEXIQUE ET APPELLATIONS NON CONTRÔLÉES .... *page 77*

LA ROUTE DES OCRES EN FRANCE .... *page 83*

OCRE, TERRE DU MONDE .... *page 97*

LES CARNETS D'ATELIER DU CONSERVATOIRE .... *page 101*

ROUSSILLON, THÉÂTRE DE L'OCRE .... *page 135*

LECTURES ET REGARDS... .... *page 140*

100 MILLIONS D'ANNÉES

«Alor, en terro dé prouvenço,
L'a mai que mai divertissenco».
(Alors, en terre de Provence,
il y a plus que jamais ébaudissement.)
F. Mistral, Mireille

Voilà à peine 20 ans que le professeur Jean-Marie Triat a percé le mystère de la formation des sables ocreux du pays d'Apt. Ce qui suit est très largement inspiré de ses publications et des analyses réalisées dans l'Antenne de Géologie de la Faculté des Sciences et Techniques de l'Université d'Aix-Marseille. La difficulté demeure à résumer, en quelques poignées de lignes, un phénomène que la science a mis des siècles à élucider.

L'ocre naît de l'intime côtoiement de la mer et du sol.

L'histoire commence il y a plus de 110 millions d'années. Même en fermant longuement les yeux, peut-on se représenter 110 millions d'années ? La Provence est recouverte par la mer et elle a reçu en dépôt des argiles grises. Des sables marins viennent combler cette zone devenue peu profonde. Ils portent avec eux un bouquet de minéraux, dont la glauconie, qui contient des atomes de fer.
La glauconie, verte, n'est autre que l'ancêtre lointain de la goethite, qui colore l'ocre du jaune à l'orangé. Comment cet impossible enchaînement de teintes s'est-il réalisé ?

Il y a 100 millions d'années, la mer se retire. Un continent nouveau apparaît. Le climat tropico-équatorial qui sévit à cette période provoque des pluies

diluviennes. Ces pluies lessivent les minéraux et dissolvent la glauconie. Les grains de sable résistent à cette altération. Les autres minéraux cristalisent sous forme d'une argile incolore sur laquelle se fixe l'hydroxyde de fer laissé en héritage par la glauconie. «L'ocrification», pour Jean-Marie Triat ; «la naissance de l'ocre», pour les profanes, amoureux de cette belle matière.

Les ocres repérées en Europe et un peu partout dans le monde ne répondent pas toutes au même phénomène.
Elles existent souvent en couche pure dépourvue de sable.

Finalement, l'ocre, c'est quoi ?

- C'est une argile (la kaolinite, silicate d'alumine, support essentiel de l'ocre) chargée d'hydroxyde de fer (la goethite, qui colore le minerai) où demeurent des résidus sableux trop fins pour être séparés (le quartz).

- Ces particules sont globalement inférieures à 50 microns soit inférieures à 500.000^{ième} de centimètre : micron, mikros... «petit»...

L'ocre est une argile colorée : l'ocre, avant d'être une couleur, est donc une matière ! C'est l'avis défendu par l'AFNOR dans la norme T30 001 «en toute logique, l'ocre devrait être classée parmi les matières de charge» : c'est à dire parmi les minéraux qui, par leur nature, forme, volume, granulométrie et poids, sont utilisés par les fabricants pour augmenter la consistance ou l'épaisseur d'un produit.

Les Ocres du Luberon, massif classé

Le massif ocrier vauclusien s'étend de Saint-Pantaléon à Gignac, communes reliées par Goult, Roussillon, Gargas, Apt, Saint-Saturnin-lès-Apt, Villars et Rustrel. La résurgeance ocreuse dans les parages de Villes, Bédoin et Mormoiron reste isolée au nord du département.

Ce phénomène géologique n'offrirait pas un tel panorama si les carrières n'avaient contribué à le découvrir. Depuis le déclin de son exploitation industrielle, l'ocre n'est plus aussi présente dans le paysage quotidien. Elle se distingue par touches colorées au milieu des pinèdes. Quelques sites spectaculaires permettent de voir le cœur du minerai : ils disparaîtront si on laisse la végétation les envahir.

Falaise de Pierroux

La découverte du fait que la Provence était sans doute la plus grande réserve mondiale d'ocre, la notoriété internationale de Roussillon, dont le nom évoque à lui seul la flamboyance de sa fière ambassade, ont attiré l'attention d'éminents visiteurs.

À tel point que l'État a décidé d'inscrire le massif ocrier provençal, long de plus de 20 kilomètres, au titre des sites naturels classés et protégés.

Lorsqu'il a fallu justifier du «naturel» de la création passée et de la conservation à venir de ce massif, ce paradoxe n'a pas manqué de soulever quelques discussions, heureusement plus formelles que fondamentales.
La procédure fait l'objet d'une longue enquête, d'un examen en Conseil d'État puis d'un décret gouvernemental.

C'est une œuvre de bien public, faite d'endurance politico-administrative, que Nerte Dautier, pour la Direction Régionale du Ministère de l'Environnement, et le Parc Naturel Régional du Luberon pourront se flatter, sans «rougir», d'avoir enfantée.

Le travail de l'ocre

«… des fois les gens chantaient, au travail, quand on était plusieurs ; ça dépend du caractère des gens… vous avez des types qui sont plus ou moins aigris, et d'autres qui mettaient l'ambiance.
Les femmes étaient embauchées pour la saison.»

Elie Icard

interviewé par Francine Simonin

L'ocre est présente sur tous les continents. Il serait fastidieux et hasardeux d'en décrire tous les particularismes mais vous en découvrirez quelques aperçus notamment au gré des «routes» proposées aux prochains chapitres.
La production est aujourd'hui majoritairement localisée dans le Vaucluse. C'est ainsi principalement celle que nous nous attachons à décrire.

L'extraction

Le minerai doit s'extraire du sol, non pas comme une roche, mais comme une terre très compacte bien qu'elle soit sableuse.
À Gargas, l'extraction se pratique aujourd'hui exclusivement à ciel ouvert, à l'aide d'explosifs. La pelle mécanique est l'unique équipement qui sert autant à entamer les gradins de la carrière, qu'à transporter le minerai de la carrière au lavage. Un ouvrier et son engin suffisent à cette étape de l'exploitation. Lorsqu'une bande de terre ne correspond pas à la couleur attendue, elle est entassée à l'écart, pour reprendre l'extraction de la couleur recherchée.
À Rustrel, on a vu attaquer le minerai à la lance à eau et l'entraîner directement vers le lavage, originalité qui ne s'est pas répandue.
Dans le passé, les ocres de Bourgogne et du Centre ont connu une exploitation sous forme de puits miniers rayonnant en étoile. Car, dans le Cher, l'ocre «se trouve à une profondeur de 15 à 25 mètres, elle repose sur un lit de sable blanc extrêmement fin que l'on vendait autrefois pour les verreries».

Quant au Vaucluse, son relief a permis de creuser des galeries rectilignes accessibles de plain pied (certaines galeries très spectaculaires atteignent jusqu'à 15 mètres de hauteur à Gargas) dont la voûte était taillée en plein cintre ou en ogive. Ces galeries formaient un quadrillage dont la réglementation imposait les écartements, afin de maintenir des piliers suffisamment stables pour prévenir les effondrements.

«Lorsqu'on faisait les transversales, il fallait respecter le nombre de mètrages, pour le pilier, c'était de 6 mètres en 6 mètres».

La pioche était l'outil du mineur d'avancement qui avait de part et d'autre un ouvrier droitier et un ouvrier gaucher pour tracer les cheminées. Le bloc ainsi délimité était ensuite troué à la barre à mine pour y introduire les explosifs, la poudre noire, pour rendre meuble la masse à extraire. Le minerai était alors sorti à la pelle puis transporté au lavage. Certains ouvriers étaient payés au mètre d'avancement dans la galerie. «Il faisait son mètre par jour (…) il n'allait ni plus vite, ni plus doucement, il avait son rythme» se souvient Elie Icard.

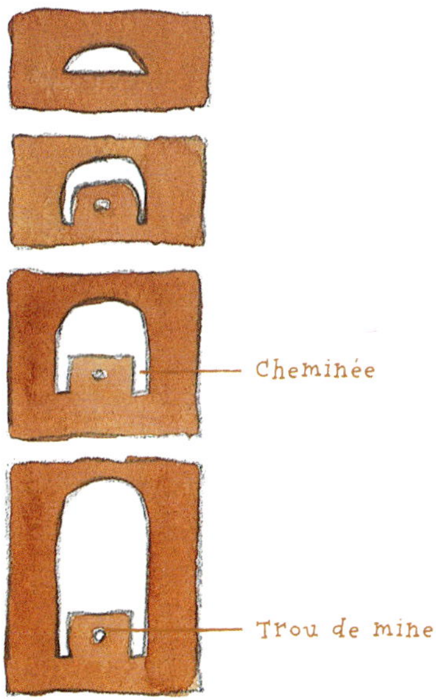

L'exploitation en galerie a laissé de grands points d'interrogation sur l'état actuel du sous-sol de certains hameaux et de l'avenir périlleux des maisons qui sont bâties au-dessus. Quelques galeries à Roussillon, plusieurs dizaines de kilomètres de galeries à Gargas, sont désormais assez bien localisées.

Hormis quelques-unes d'entre-elles réaménagées en champignonnières, il est interdit d'y pénétrer. Les galeries peuvent toujours connaître des éboulements, surtout dans les endroits où, aux périodes difficiles, l'on a rogné les piliers pour gagner quelques mètres cube supplémentaires de minerai.

Randonneurs, prudence !

La lampe acétylène

«Il faut bien savoir placer sa lampe : vous faîtes un trou là, dans la paroi (...) Il faut pas qu'elle soit devant, il faut qu'elle soit toujours derrière»

Elie Icard

Le lavage puis la décantation

Le minerai contient du sable et de l'ocre. Pour obtenir des ocres fines, il faut se débarrasser du sable. C'est à l'eau d'accomplir ce travail. De l'eau, beaucoup d'eau qui oblige à respecter le ryhtme des saisons où l'eau abonde, c'est-à-dire de l'automne au printemps.

Le minerai qui arrive de la carrière est placé en tas, à proximité du lavage. Puis ce tas est fractionné avec un rediable pour remplir une plate-forme, appelée décharge, sur laquelle sont actionnés deux jets d'eau en vis-à-vis, qui ont pour effet de faire glisser l'ocre, dans un bâtardeau. Dans leur chute, le minerai et l'eau traversent une grille qui rejette les petits cailloux ferreux sur le côté.

La Société des Ocres de France utilise de nos jours un cyclone, sorte de centrifugeuse qui reçoit, grâce à une pompe électrique, le minerai en boue liquide sorti du bâtardeau : les particules les plus fines sont captées par un tuyau dans la partie supérieure du cyclone et le sable tombe en boue à son pied.

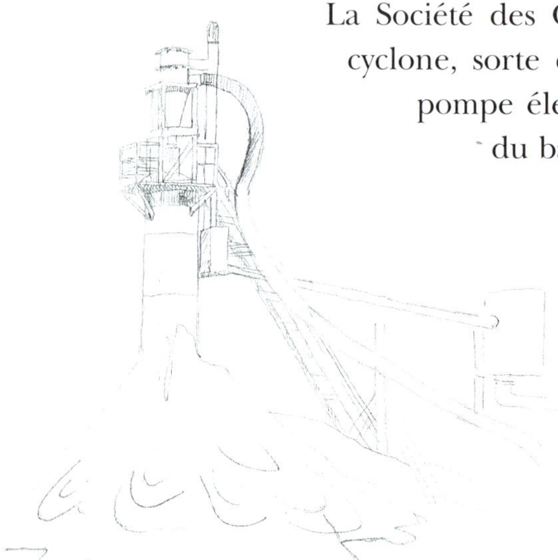

Le cyclone

La décharge

le batardeau

Autrefois...

le reposoir

le malaxeur

un rediable

Dans le Vaucluse

L'ocre parcourt ensuite une longue descente vers les bassins de décantation. Il va de soi que l'on dirige toujours la même couleur vers un même bassin. Ces bassins rectangulaires, encastrés dans le sol, reçoivent l'ocre par couches successives jusqu'à être remplis. Les dalles qui bordaient ces bassins autrefois ont été enlevées car elles se déchaussaient sous l'effet du passage des engins. À l'extrémité inverse du bassin, une surverse recueille l'eau libérée de l'argile par la décantation. L'eau est alors stockée dans un réservoir en attente d'un prochain lavage.

Les systèmes de lavages ont beaucoup varié d'une région à l'autre. Le procédé de lavages répétés a été mis au point par le désormais célèbre Jean-Étienne Astier, de Roussillon, dès la fin du XVIIIème siècle. Reprise en Bourgogne vers 1830, où les ocres se trouvent souvent moins chargées en sable, cette technique ne s'appliquait qu'aux ocres fines. Les ocres ordinaires, après avoir été tassées dans une fosse ou gâchoir, étaient moulées en forme de pains de 2 à 3 Kg, pour être vendues telles quelles. Seules les ocres Fines et Surfines étaient lavées, quelquefois avant, quelquefois après broyage. Ce procédé de lévigation s'opérait dans des bassins installés à l'intérieur des usines.

Rediable

En Bourgogne

Autrefois...

Les bassins de décantation

Le balai de bruyère utilisé pour «casser» le jet d'ocre liquide à l'entrée du bassin

Le séchage à l'air libre

Les ocres sèchent du printemps jusqu'à l'été. L'argile se craquèle en surface et d'antan on l'aidait à se craqueler de façon bien régulière, en quadrillage, en passant une planche pourvue de lames dans les deux sens du bassin. Puis, avec une bêche, un lichet, on dégageait des mottes qui étaient posées en muret sur le bord des bassins pour finir de sécher à cœur. C'était un travail lourd, souvent subi en pleine chaleur.

Là aussi, le tractopelle est venu soulager la pénible manipulation manuelle. L'engin s'avance dans le bassin, soulève la couche épaisse et l'étale aux abords.

Le tas mis à sécher n'a plus qu'à rejoindre l'usine.

Autrefois...

Muret d'ocre

Le lichet

Le stockage en vrac

Le stockage

Le stock, en vrac, des ocres lavées et prêtes à broyer est toujours installé dans de profondes cases couvertes. Là, les ocres sont déchargées au niveau le plus haut, par une route qui longe l'arrière du bâtiment.

Pour la fabrication, on récupère l'ocre au niveau le plus bas, à l'avant, dans l'enceinte de l'usine. Les ocres sont stockées en vrac dans l'attente des commandes. Puis, le moment venu, un tractopelle assure le passage du stockage à la fabrication.

À l'époque de l'industrie prospère, les ocres restaient stockées en vrac en attente de la commande du client. Celui-ci pouvait varier ses choix et exiger des mélanges particuliers ;

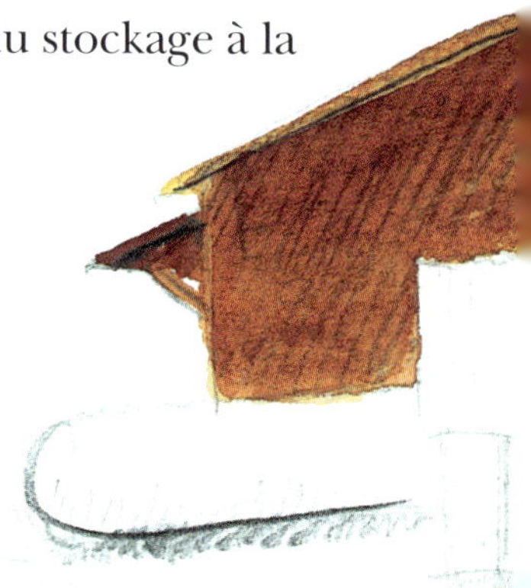

il n'était pas souhaitable de parier sur des préparations de couleurs qui seraient restées invendues. Au plus, on préparait d'avance les ocres courantes vantées au catalogue.

Le four de la Société des Ocres de France

La calcination

Trois termes désignent la même qualité : ocre rouge calcinée, ocre rouge brûlée, ocre rouge cuite. Les ocres rouges naturelles existent en moindre quantité que les ocres jaunes ; elles ont aussi la réputation d'être mates et ternes. Alors, pour répondre aux demandes de forts tonnages et pour élargir l'offre, on prend les ocres jaunes que, par cuisson, l'on rougit. Beaucoup de terres colorantes peuvent être brûlées. Les plus connues sont la terre de Sienne brûlée et la terre d'Ombre brûlée. Il en va de même pour l'ocre.

Une cuisson à l'ancienne a lieu de temps en temps à l'ancienne usine Mathieu, à Roussillon. On charge les mottes d'ocres (pains ou brioches dit-on en Bourgogne) dans la partie haute du four et on enfourne le bois dans le double foyer de la partie basse. Cette cuisson au feu de bois peut durer d'une quinzaine à une trentaine d'heures, en fonction de la qualité et du degré d'humidité de l'ocre jaune qui est utilisée. Ce mode de cuisson a ses limites : il requiert un veilleur pour la nuit, des réserves en bois, une estimation empirique du résultat.

Le four restauré
de l'ancienne usine Mathieu

La Société des Ocres de France dispose donc, depuis longtemps, d'un four à gaz.

Il forme un cylindre métallique d'une vingtaine de mètre, imperceptiblement en pente et traversé par une flamme qui atteind 910° au brûleur. L'ocre jaune pénètre sous forme de poudre à une extrémité, progresse tranquillement à l'intérieur du cylindre, en moins de quinze minutes. Un pigment gris-violet ressort à l'autre extrémité, et prend immédiatement un beau teint rouge au contact de l'air.

À l'attention des amateurs, on peut préciser que la couleur a transformé sa nature minérale. Elle passe du jaune de la goethite (hydroxyde de fer) au rouge de l'hématite (oxyde de fer, anhydre).

Broyage et blutage : le moulin en action

Concassage, broyage, tamisage ou blutage, rejet des grains, de la motte devenue poussière, il ne restait à l'œil qu'une opaque atmosphère qui imprégnait les pores et les poumons.
Comme toutes les industries, celle de l'ocre à dû évoluer en protégeant ses ouvriers, contre les mauvaises conditions de travail, contre la silicose…
Maintenant, on peut s'approcher des mélangeurs, broyeurs et tamis : ils sont surplombés de systèmes d'aspiration des poussières.

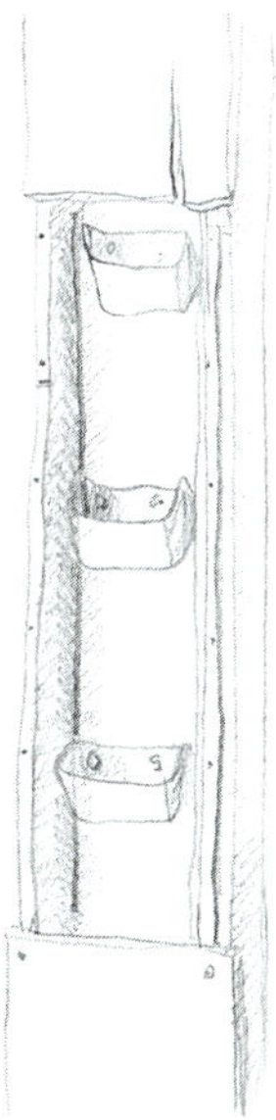

Vis sans fin

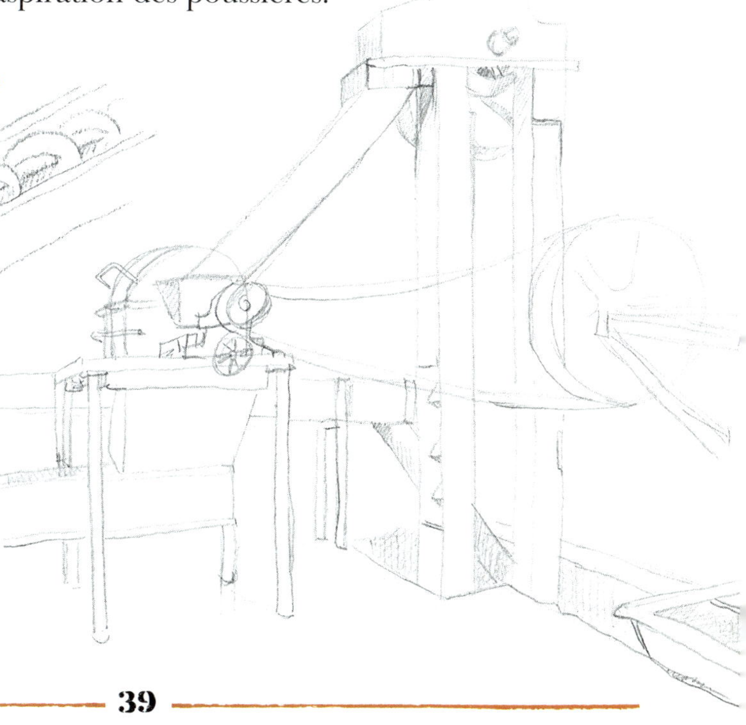

Autrefois…

La presse

La pesée et le conditionnement

Il n'est que de se laisser embarquer par les destinations imprimées sur les vieux emballages pour se prendre à rêver. Bamako, Abidjan, Melbourne, Casablanca, Boston, Rio de Janeiro, Saint-Petersbourg… De vieilles cartes postales montrent des entrepôts entourés de rangées de tonneaux empilés. Les archives de l'industrie ocrière regorgent de sacs, sachets, cartonettes doublées de papier fin imprimé. On sait aussi que les producteurs bourguignons ont vendu les ocres communes sous formes de pains compacts empaquetés.

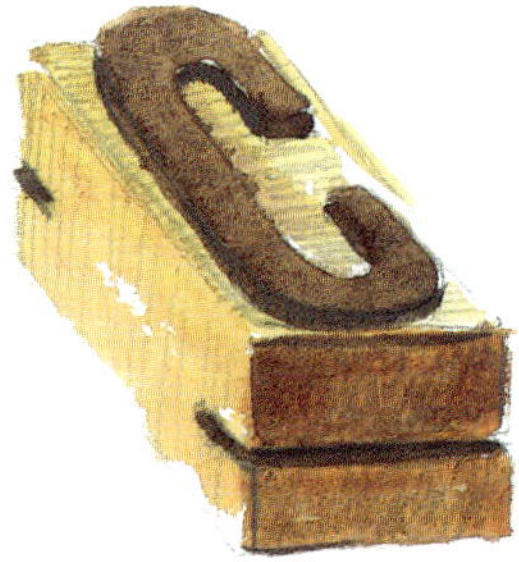

Aujourd'hui, les ocres broyées et blutées tombent automatiquement dans une ensacheuse pour être conditionnées en sacs papier de 25 Kg à l'orifice fermé par un savant pliage ou par une couture de fil coton. L'ensacheuse est programmée pour s'interrompre au poids voulu. Ces sacs sont empilés sur des palettes : 40 sacs, marqués à l'encre, de la qualité contenue, de son poids et qui, rendus solidaires par un film plastique, totalisent une tonne de matériau prêt à partir.

On peut regretter la beauté perdue de ces tonneaux de bois, cerclés de fer, marqués au pochoir, soigneusement alignés : les ouvriers, eux, ne doivent pas regretter les 100, 150 et quelquefois 250 Kg à déplacer sur la balance puis, à rouler sur le quai de chargement. Ils ne doivent pas regretter non plus le pénible travail du remplissage, où un tonneau rempli par l'ocre en poudre devait être tassé et retassé plusieurs fois par la presse, soulevant chaque fois son ample nuage de poussière asphyxiante.

Le transport, l'avancée stratégique

Dos d'ânes, tombereaux, wagonnets Decauville, pelles-mécaniques ont été les modes de transport de la carrière à l'usine. Dos de mulets, bâteaux, rail, camions, ont porté les ocres vers les destinations du monde entier.

Tant que le Cher puis l'Yonne, servis par les canaux, ont pu expédier leurs ocres, notamment vers l'Europe du Nord, ces départements sont restés en tête de la production d'ocre en France. Lorsque les chemins de fer ont été installés jusqu'à Apt, vers 1877, ils ont désenclavé les industriels vauclusiens et ce sont les ocres de Provence qui ont pris le devant. Cette région, réputée comme la plus grande réserve d'ocres du monde, a dès ce moment développé sa production en s'appuyant sur la facilité à extraire un minerai présent partout à fleur de sol. La compétition est alors devenue terrible entre les deux régions.

Wagonnet Decauville

Commerce et concurrence

Concurrencée par le Vaucluse, la Bourgogne se défend comme elle peut. En 1878, J. Gressien écrit sans complexe : «Ce n'est pas seulement sur les ocres connues des anciens que l'OCRE DE BOURGOGNE exerce son incontestable supériorité. On peut affirmer, sans crainte d'être démenti, que, de nos jours, elle est sans rivale, et le secret de cette suprématie, il ne faut pas le chercher ailleurs que dans les mérites intrinsèques de la matière première, ainsi que dans les perfectionnements qu'ont atteints les procédés de fabrication».

La Bourgogne et la Provence se sont ainsi disputées le premier rang. Le Vaucluse est présent sur tous les marchés : de 17000 tonnes en 1895, il progresse à 25000 tonnes en 1905 puis à 38000 tonnes en 1929. Dans la même période, les ocres de Bourgogne ne parviennent pas à franchir le cap des 15000 tonnes.

Au début du XXème siècle, les deux régions allient leur force au sein de la Société des Ocres de France, dont le pouvoir penche vers les auxerrois.

Depuis une dizaine d'année, la Société des Ocres de France, recentrée à Apt, était devenue le seul producteur, les Ets Lamy & Fils ayant abandonné la fabrication dans les années 80 et les Ets Chauvin s'étant reconvertis depuis longtemps dans le négoce de pigments et dans la fabrication de peintures.

Le retour de la mode donne à l'ocre quelques encouragements. D'anciens

Séchoir vers 1910
Sauilly - Yonne

producteurs bourguignons les ont mis à profit pour obtenir de l'administration l'autorisation de reprendre l'extraction. La société Solargil, en Puisaye, tire l'ocre qui lui fait obstacle pour accèder aux couches plus profondes d'argile à terre cuite, et la distribue auprès de sa clientèle de potiers et de céramistes. La société des Ocres de Puisaye devrait bientôt reprendre du service à son tour dans sa carrière des Perchers.

Aujourd'hui, les ocres sont un enjeu de développement touristique autant que de production industrielle. Les Maires de Puisaye font des voyages d'études en Provence pour comprendre pourquoi l'ocre y attire tant les visiteurs.

Entre ces deux régions perdure une concurrence éternelle et entretenue où se jalouse «le petit colorado provençal», éclatante communion vauclusienne entre le paysage naturel de collines colorées et les carrières d'ocres révélées par l'industrie humaine.

L'ÉPOPÉE OCRIÈRE

«Un épouvantable accident s'est produit dans la matinée d'hier, dans une exploitation de carrière d'ocre, (…),au cœur des collines célèbres par leurs falaises où l'ocre semble faire couler tantôt l'or, tantôt, hélas, le sang.»

Le Méridional du 30 novembre 1951

De Lascaux au IIIème millénaire

L'utilisation artisanale

L'emploi de l'ocre a l'âge de l'humanité.
Les grottes pariétales dévoilent que les hommes préhistoriques connaissaient l'art des couleurs. Ils faisaient de petites provisions de charbon, d'ocre, d'hématite et de terres brunes, les pilaient finement dans des godets creusés sur des plaques en schiste, et savaient cuire le jaune pour obtenir du rouge. Ils avaient aussi découvert le pouvoir du sang, de la moëlle, de l'œuf, de la salive et de la graisse à coller la couleur sur les parois.

Lascaux
Le Cheval Chinois

Les traités techniques de l'antiquité témoignent du nécessaire usage de l'ocre dans de multiples préparations et Pline mentionne les ocres de l'Attique ainsi que celles procurées par les Gaulois. En fait, on ne trouve la trace d'une production organisée qu'à partir de 1571, près de Vierzon, dans le Cher, où un litige entre le seigneur et les habitants aboutit à une transaction écrite qui fixe les règles d'extraction et de vente. Mais, des lieux-dits «l'ocrerie» sont cités dans les actes domaniaux de dates bien antérieures et l'Histoire nous écrit que l'ocre fût tirée «de tout temps et d'ancienneté»…

Pour autant, l'exploitation ne prit un essor véritable qu'à la fin du XVIIIème siècle, période à laquelle Jean-Etienne Astier, natif de Roussillon, mit au point un procédé pour traiter l'ocre en grandes quantités, et la charger sur des chapelets de mules afin de traverser les collines et rejoindre le port de Marseille.

Jean-Etienne Astier

Inventaire

A…

alimentation animale,
bâches marines,
bols à dorure,
bracelets élastiques,
caoutchoucs,
carrelages,

cartonnerie,
chambres à air,
cire à cacheter,
cosmétiques,
couleurs pour artistes,
crayons,
croûtes de fromage
dénaturation du sel,
dentelles vieillies,

encaustiques,
émaux,
emplâtres,
enduits,
fards à joue,
gomme à crayon,
isolants électriques,
joints en tous genre,
linoléums,
pansements gastriques,
papiers bible,
papiers d'emballage,
papier-filtre,

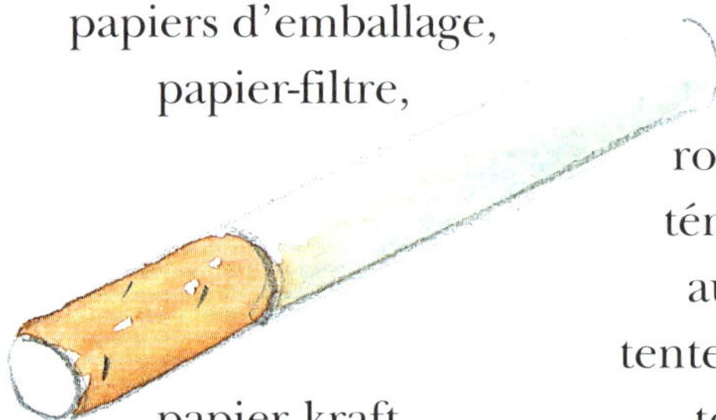

papier kraft,
papiers-peints,
parquets sans joints
patines à métaux,

peintures en détrempes,
peintures à l'huile,
porcelaine décorée,

poudre de riz,
produits d'entretien,
prothèses dentaires,
résines de moulage,
rouges à polir,
témoin d'essais
automobiles,
tentes maraîchères,
toiles cirées,
vernis,
vernis cellulosiques,

…Z

Une parenthèse industrielle

Au XIXème siècle, la Révolution Industrielle et ses nouvelles productions ont entraîné une très forte demande en matières premières. Dans un premier temps, les industriels fabriquaient à partir d'une combinaison de matériaux naturels.

L'ocre, argile fine, plastique et grasse, a été l'une de ces ressources consommées en grande quantité par les industries du caoutchouc, du linoléum, du carton et de bien d'autres produits composites.
Par exemple, le caoutchouc est obtenu à partir du latex de certains arbres exotiques dont l'hévéa. Ce latex est visqueux à l'état naturel.
Pour pouvoir le mouler, il faut le mélanger à une matière de charge, autrement dit un «épaississant». C'est en jouant ce rôle d'apport en consistance, que l'ocre est devenue essentielle dans la production des élastiques, des chambres à air, des bottes de pluie, et autres gants ou joints en caoutchouc.

Il en a été de même pour le linoléum. Sur une toile de jute, le revêtement composé de poudre de liège, d'huile de lin cuite et de résine a besoin d'un «ciment» pour être à la fois lié et souple. L'ocre avait cette capacité. Le résultat en a été la coloration quasi obligée de tous ces produits du ton ocre jaune au rouge et au marron.

Finalement, un siècle plus tard, les techniques ont évolué. Les années 20 ont préparé la chute des décennies suivantes.

La chimie fait des bonds en avant. Les oxydes de synthèse, 100% colorants, offrent un plus grand choix de couleurs incluant les tons vifs, les bleus, les verts, les violets. En plus, leur formule chimique est connue et reproductible, assurant une

régularité de teinte que ne garantit pas un produit d'extraction. Cette liberté nouvelle de coloration exige de séparer la question de la charge minérale de celle de la couleur. Les industriels tranchent en faveur des charges minérales blanches, bases neutres pour une coloration qui pourra plus facilement s'adapter aux fluctuations de la mode.

L'ocre n'est pas mieux servie par les événements politiques et financiers. La Révolution Russe interrompt brutalement toutes les expéditions vers l'Europe de l'est, où l'ocre était appréciée pour ses vertus protectrices du bois, dont l'habitat est là-bas en grande partie revêtu. En France, la troisième classe des chemins de fer est abandonnée et, avec elle, ses compartiments jaune et rouge. La recherche d'un style très citadin en architecture extérieure et en décoration intérieure prône les couleurs froides et pâles, voire le blanc, jugées plus distinguées. Enfin, la crise de 1929, où l'ocre atteint pourtant son summum de production et d'exportation, scelle tous ces prémices

du déclin. Le dernier couperet tombe avec le deuxième conflit mondial, pendant lequel les relations commerciales deviennent impossibles et les transports par trop périlleux.
Au retour de la guerre, les industries ont changé, les générations d'ingénieurs se tournent vers la technologie, vers les procédés de synthèse et vers les nouveaux produits. Ceux-ci ont beaucoup évolué pendant la période de conflit avec l'activité intense des industries d'armement. Les peintres reçoivent la révélation des peintures prêtes à l'emploi, l'effet «ripolin», et les maçons reconstruisent à grands coups d'enduits au ciment pré-teintés.

L'ocre se rend peu à peu à l'utilisation artisanale de ses origines.

Le troisième millénaire

Prête à disparaître totalement du paysage français, les carrières d'ocre en exploitation ont trouvé dans les années 80 un petit groupe de militants pour les défendre. En Provence, ce sont le Professeur Jean-Marie Triat, le Parc Naturel Régional du Luberon, quelques architectes et artisans, les fêtes de l'ocre et de la couleur de Roussillon et l'École d'Avignon qui ont ouvert la voie.

Aujourd'hui, la résistance s'organise et on parle même de l'ocre sur internet !

Les militants de l'ocre

«Et tout cela cependant n'est que de la poussière, de la poudre impalpable et mouvante. Un symbole ? Pourquoi pas ? Symbole de la fragilité des hommes et aussi du labeur magnifique de ces mêmes hommes, qui s'accrochent au sol, le creusent, le taraudent et en font une nouvelle richesse.»

Paul-Emile Cadilhac
L'Illustration 12 septembre 1942

L'ocre n'est pas le pigment universel qui peut tout colorer, tout remplacer, et qui pourrait retrouver une place prédominante dans l'industrie. Néanmoins, l'ocre a acquis ses lettres de noblesse dans certains domaines où ses qualités, malgré tous ses concurrents chimiques, n'ont jamais pu être reproduites ni égalées. Alors, voilà pourquoi il existe de véritables défenseurs de l'ocre et des terres colorantes !

Les sables ocreux, ressource naturelle

En cette fin de XXème siècle, cette qualité est en elle-même un gage de bonne conduite ! Utiliser les ressources naturelles et vivre avec des produits qui ne nécessitent pas de monstrueuses constructions acoquinées avec la chimie industrielle est un repère pour les adeptes de l'écologie. D'autant plus que l'exploitation contemporaine de l'ocre met en œuvre des mesures de protection de l'environnement assez sévères et très strictement contrôlées. L'exploitation de l'ocre produit deux «déchets»... l'eau et le sable ! La première est recyclée et le second quand il n'est pas vendu, retourne à son emplacement d'origine.

Autrefois, dans la vallée du Calavon, en Vaucluse, les sables rejetés par les lavages allaient se déverser sans retenue dans les rivières, encombrant celles-ci de telle sorte que, sans parler de chimie, il y avait bel et bien pollution artificielle ; les berges s'engluaient de sables trop fins pour se stabiliser et sur

lesquels la végétation ne résistait pas à la moindre crue. Il a fallu quelques dizaines d'années pour résoudre cette situation.

Contrairement au passé, les ocriers peuvent désormais vendre les sables. Ces sables sont trop fins pour tenir les enduits de façade mais ils trouvent d'autres destinées originales. L'E.D.F. en prend une partie pour combler ses tranchées. Sa couleur sert à avertir les techniciens qui creuseraient le sol qu'un câble électrique est enterré à peu de distance en profondeur ; il acquiert ainsi le nom de sable «d'alerte».

Les faïenciers se servent quant à eux du sable pour mouler leurs carreaux et éviter d'en abîmer la forme en les détachant de leur main, exactement comme le boulanger utilise la farine pour ne pas se coller les doigts à la pâte à pain (un fabricant nous a confié que seule la présence de ce sable peut assurer d'une vraie fabrication manuelle des carreaux de faïence). Des essais sont faits pour utiliser ces sables en silice à verrerie et différentes formes d'essais de recyclage permettent d'entrevoir un avenir à ces «déchets» naturels.

Quant à l'eau, utilisée en abondance pour le lavage, elle fonctionne en circuit fermé, récupérée à la sortie des bassins de décantation, elle stationne dans un bassin de retenue avant d'être réemployée pour le lavage suivant.

L'ocre, produit naturel, non toxique

Il ne suffit pas d'être naturel pour être non toxique. La nature recèle de nombreux poisons. L'orpiment, le réalgar, le cinabre, pour ne citer qu'eux, sont autant de minéraux naturels qui, de dérivés du cyanure en sulfure de mercure et même d'arsenic, peuvent se révéler fatal à leurs utilisateurs.

L'ocre est non toxique. Cette argile colorée est un produit très proche des argiles utilisées par la pharmacopée. Elle apparaît d'ailleurs de différentes façons dans les prescriptions des médecins de l'Égypte antique, pour ses vertus détersives et cicatrisantes. Elle a été longtemps utilisée dans les fards-à-joues et les produits cosmétiques de toutes sortes.

Aujourd'hui, les normes internationales ne listent plus les ocres parmi les composants autorisés mais il ne s'agit pas de sanctionner leurs qualités intrinsèques. En réalité, ces normes sont tellement complexes et si souvent modifiées par la surenchère des règlementations des différents pays, principalement les États-Unis et le Japon, que les ocriers de l'après-guerre ont renoncé à fournir les études coûteuses qui leur étaient demandées.

Les ocres dîtes surfines, bien que vendues plus cher, ne leur semblait pas pouvoir amortir le coût de recherches élaborées.
Il n'en reste pas moins que petits et grands peuvent les utiliser pour peindre, les goûter du bout des lèvres comme le faisait autrefois le laveur pour vérifier l'absence de sable, et que l'ocre ne leur causera aucun dommage de cette façon.

Inaltérable à la lumière, résistante aux corrosions, l'ocre voit défiler le temps qui passe

Les murs qui pâlissent, les décors qui passent à la lumière sont des phénomènes inconnus avec les ocres, de même qu'avec l'ensemble des terres colorantes.

Les peintures à l'ocre ont traversé les époques : l'art rupestre, les fresques antiques, les peintures médiévales et les toiles de la Renaissance sont parvenues jusqu'à nous en témoignant que l'ocre est l'une des couleurs qui ne pâlit pas.

Bien-sûr, quelquefois les peintures ne tiennent plus sur leur support, ce qui correspond à un problème de fixation de la peinture. C'est ainsi qu'au fil des années, les badigeons extérieurs finissent par être usés par les pluies, le gel ou au contraire la chaleur excessive.

Mais, la couleur elle-même est inaltérable. Il suffit de regarder les traces protégées par le débord de toiture des maisons anciennes pour le comprendre. C'est pour cette qualité de durée (il a fallu 3 à 4 générations de mauvaises façades ternies pour s'apercevoir que les oxydes de synthèse ne tenaient pas leurs promesses) que les urbanistes et les architectes se sont pris d'un regain d'intérêt pour les ocres et pour les terres naturelles. Constat a été fait de l'étonnante vivacité des maisons plus anciennes et de la déprimante grisaille des maisons plus récentes. Les matériaux de construction sont en cause aussi, les bétons et ciments ont longtemps été ennemis de la coloration. Aujourd'hui, les idées évoluent. On réhabilite les maisons anciennes en prenant soin de leur offrir une couleur qui traversera les générations et les fabricants de bétons multiplient les tentatives d'utiliser des colorants naturels «vivants».

Une matière adsorbante

L'ocre fut réputée pour la protection des bois, volets, maisons en bois, coque des navires : elle repousse l'eau. Dans le langage commun, on dit que l'ocre est «grasse» ; scientifiquement, on la qualifie d'«adsorbante». L'ocre est une matière avant d'être une couleur. Elle apporte une consistance au mélange qui l'accueille, tout en prévenant la pénétration des liquides ; *«elle possède l'énorme avantage de pouvoir se délayer très facilement avec l'eau et avec l'huile ; elle forme, avec cette dernière, un mélange intime et stable, plastique et brillant qui constitue*

un enduit protecteur de premier ordre» commente en 1927 G. Lechiche, dans un numéro spécial de l'illustration économique et financière.

Couleur vivante, couleur vibrante

L'ocre, d'une couleur dominante bien définie dans son bocal, est en fait constituée de grains qui, observés au microscope, révèlent autant de formes et de nuances de couleur, d'une infinie diversité.

L'ocre est vivante, comme l'humanité, vue du haut du ciel, ressemble à de petits points sombres gesticulants tandis que, redescendu sur terre, on la voit composée d'hommes variés, avec leurs peaux et chevelures de toutes les couleurs.

C'est ainsi que l'ocre répandue sur une large surface conserve un aspect chaleureux et vivant qui se distingue, pour le regard averti, de la stricte uniformité des oxydes de synthèse. L'on a coutume de dire que la couleur «vibre». L'ocre n'est pas uniquement une couleur. C'est bel et bien une matière qui densifie autant qu'elle colore. Ses millions de particules imperceptibles et lamelliformes reflètent chacune la lumière à sa façon ; inimitable chatoiement des ocres dans la lumière du soir…

Villa Arakao

Des maisons, des villes, des paysages, l'évidente harmonie

L'ocre, comme toutes les matières à décor et à bâtir issues de notre environnement naturel, bois, pierre, argile, terre, plâtre, végétaux, s'assemble sans discordance avec les autres matériaux. Il ne reste plus à l'homme qu'à dessiner des lignes et des volumes qui créeront la solidité, la fonctionnalité et le style de leurs constructions.

Quelle que soit sa forme, il y a un sens profond à relier, par la matière, un bâtiment au territoire minéral sur lequel il est bâti. Il s'ensuit une esthétique simple, sans artifices, qui séduit sans le chercher.
C'est un rapport très simple que celui de la couleur de la terre et de la couleur des maisons au sein d'un village. On a pris dans le sol la terre et les pierres pour bâtir, les sables et la chaux pour enduire, et c'est ainsi qu'une région architecturale fonde son caractère.

L'ocre est bon marché !

Son procédé de fabrication assez simple maintient son prix de revient peu élevé. Quand elle est finement broyée, elle détient un fort pouvoir couvrant et colorant qui accroit encore ce rapport économique intéressant.

De la recherche à la pratique

Le Laboratoire de Recherche des Musées de France a récemment mené une analyse des terres colorantes commercialisées sur le marché actuel ; leur minéralogie, leur granulométrie, leur pouvoir colorant, autant de facteurs qui déterminent la qualité, en plus d'une mesure de la couleur elle-même. La motivation de ce laboratoire national est très directement liée à la nécessité de mieux connaître les pigments employés sans discontinuité depuis l'antiquité dans les œuvres peintes. Une synthèse des résultats a été éditée en 1998 dans le N° 3 des cahiers Terres et Couleurs.

Le Laboratoire des Poudres Minérales Colorées à Pau

Dirigé vers l'industrie et l'innovation, ce laboratoire issu de l'École des Mines d'Alès a lancé plusieurs études pour apprécier les qualités physico-chimiques des pigments minéraux naturels en regard de critères technologiques de production. Ses dirigeants et animateurs se sont épris des ocres au point de suivre minute par minute, sondes et ordinateurs sous le bras, les variations de température que peut occasionner une cuisson au bois. Mais leur mission quotidienne s'accomplit en laboratoire et là réside l'un des rares espoirs de retrouver des arguments justifiés pour des utilisations industrielles des terres colorantes.

Face au déclin des marchés de l'ocre elle-même, la Société des Ocres de France a étudié les moyens de diversifier son offre. Il lui fallait investir dans la recherche d'applications, ce que n'avaient pas assez fait les générations précédentes d'ocriers. Il est vite apparu que dans le secteur du bâtiment, intéressé par la beauté des colorants mais renâclant à les employer tels quels, on passerait l'obstacle en proposant des mélanges «prêts-à-l'emploi». D'essais en tests et en analyses, il a été mis au point une gamme de badigeons, puis d'enduits à la chaux, qui réconcilient les maçons modernistes avec les matériaux traditionnels.

L'association Terres et Couleurs

Créée à Dijon, en fief bourguignon, Terres et Couleurs a élargi son regard et organise chaque année, lors de son assemblée générale, un week-end de voyage dans une région productrice. En outre, elle édite un à deux cahiers par an pour faire partager ses découvertes, hommes, lieux, produits rattachés au sujet des terres colorantes et présentés sous forme de monographie.

Le Conservatoire des Ocres et Pigments Appliqués

L'association Ôkhra

Basée dans l'ancienne usine d'ocre Mathieu à Roussillon, où elle reçoit toute l'année des visiteurs du monde entier, Ôkhra anime l'ensemble des activités du Conservatoire des Ocres et Pigments Appliqués en plus de diverses manifestations extérieures. Rencontres entre professionnels et grand public, entre praticiens et scientifiques, visites techniques et démonstrations, journées annuelles sur les arts et techniques de la couleur, jalonnent le parcours de cette association désormais incontournable.

Lexique et appellations non contrôlées

«Chez tous mes visiteurs, à l'ocrerie de Sauilly, finit toujours par arriver la même question : Mais, finalement, c'est quoi l'ocre, exactement ?»

Riwan Tromeur
monographie

Les polémiques d'experts, les querelles de langage, les chamailleries scientifiques et, osons-le-dire, quelquefois pseudo-scientifiques, de terminologie exhalent tout leur sel dès qu'il s'agit de définir une chose. L'ocre n'y échappe pas. Sa bibliographie est même trop abondante en variantes de toutes époques pour les retracer en totalité. Cette diversité s'avère, selon la nature du regard, tantôt imagée, tantôt complexe. À chacun son langage coloré.

Commercialement, les appellations de couleurs ne sont pas protégées. Certains noms sont associés, visuellement, à une couleur. Mais un tube de gouache quelconque couleur ocre, s'il en a la couleur, ne garantit pas qu'il en contienne.
L'ocre, c'est une couleur et c'est surtout une matière inimitable.
Les producteurs sont désormais trop peu nombreux pour faire pression sur les pouvoirs publics face aux grands de la chimie et obtenir un label ou une appellation contrôlée.

De l'ocre et de ses définitions

Il y a des artistes, dont Riwan Tromeur, qui collectionnent les matières, les couleurs, les mots. Il est venu, à vingt ans d'intervalle, à Roussillon, accomplir des collectes de cailloux de couleurs, rituellement emballés et minutieusement inventoriés. Son interrogation «l'Ocre, Exactement ?» aboutit à une vaste réponse où sont passées au crible ocres naturelles et

artificielles, ocres proprement dîtes, terres colorantes, voire roches pigmentaires. Il y est question de pétrologie et d'art, de commerce et d'histoire. C'est le plus bel inventaire qui soit, en écho à son œuvre in-situ, GARLON L.60, elle-même point d'interrogation insinué au cœur de l'ancienne ocrerie de Sauilly, dont il est propriétaire.

André Béguin livre une version au cachet plus encyclopédique dans son «Dictionnaire Technique de la Peinture en 3 volumes». Pas moins de 10 pages sont consacrées à décrire l'ocre au travers des auteurs, des pratiques, de l'histoire.

Face à ce foisonnement, l'AFNOR (Agence Française de Normalisation) est un peu austère dans ses indications. La norme, datée de 1947 et revue en 1988, délimite strictement les ocres à des «argiles naturelles de couleur variable du jaune au rouge».

Les experts Roire, Petit et Valot sont plus généreux et accueillent dans leur définition les terres contenant «divers oxydes de manganèse leur donnant une couleur brune».

Pour nous, si l'on s'en tient à la pratique des producteurs, sont désignées comme ocre des terres contenant 25 à 30% d'oxyde de fer et qui vont du jaune pâle au rouge foncé. Les bruns trouvent les appellations de terres de Sienne, terres d'Ombre. Les terres rouges violines sont appelées oxydes de fer, tout simplement parce qu'elles en contiennent de 70 à 99% !
L'ocre est jaune, ou rouge, et ses dégradés, souvent obtenus par mélange des couleurs de base, fluctuent de l'orangé au marron clair. Jaune clair, jaune foncé, citron, citron d'Italie, abricot, dunkel, havane, mexico, rouge clair, rouge brûlé, rouge foncé ; il reste dans les catalogues quelques noms pour rêver même si l'on regrette de n'avoir pas connu les rouge de Prusse, rouge d'Angleterre, jaune satin, jaune d'or, velvet et autres ocre de chair !

Petit lexique de l'ocre

Ocre de rû, rue, rhu, ou rut : «l'ocre de rue, ou de rut, ou le jaune obscur, est une terre naturelle qui se prend aux ruisseaux des mines de fer (...)» écrit en 1773 Wattin, négociant qui vendait 7 à 8 sols la livre de cette marchandise selon qu'elle était en morceaux, en poudre ou déjà broyée à l'huile.

Ocrerie : nom donné aux usines d'ocre dans le Cher et l'auxerrois. On peut encore apercevoir dans le centre ville de la capitale bourguignonne les vestiges de l'ocrerie Brichoux ; l'ocrerie de Sauilly, propriété privée, n'est visible que de l'extérieur mais on aperçoit le séchoir très spécifique à la production de cette région ; citons enfin l'ocrerie de Pourrain dont un ancien hangar, ou loges, en structure à colombage, est aménagé en restaurant *(voir la Route de l'Ocre en France).*

Ocre brûlée, calcinée ou cuite : ocre qui est passée dans un four pour la rougir ou la brunir.

Ocre lavée : ocre dont on a évacué le sable par lavage et décantation, par opposition aux ocres qui sont quelquefois vendues brutes ou seulement broyées (ocres de Puisaye par exemple).

ôkhra : origine grecque du terme ocre qui signifiait, terre jaune, terre «bileuse». C'est le nom choisi par l'association qui anime le Conservatoire des Ocres et Pigments Appliqués à Roussillon.

ocrifère : se dit d'un gisement, d'un territoire qui contient de l'ocre.

J, T, R,C, F, L, E, S : ce sont les initiales associées en combinaison variable pour estampiller les ocres commercialisées ; les ocres les plus fines peuvent requérir 6 à 7 lettres de définition.
J : jaune - **T** : Très - **R** : Rouge - **C** : Commun/ou Clair - **F** : Fine /ou Foncée
L : Lavée - **E** : Extra - **S** : Supérieure ou Surfine, selon le cas.
À celà peut s'ajouter exceptionnellement une origine **I** : Italie - **P** : Puisaye
R : Rustrel - **V** : Vaucluse…

La route des ocres en France

«À cet instant précis où il se demandait pour la centième fois si le soir viendrait - s'étant tourné cent fois vers l'est, impertubablement d'ocre pur {...}»

J. Giono

Le Hussard sur le toit

Parmi les lieux étonnants et inattendus qui peuvent se visiter, nous n'avons retenu que ceux qui sont officiellement ouverts au public.
En effet, d'innombrables lieux ont produit de l'ocre à travers les siècles (Ariège, Bretagne, Dordogne, Drôme, Gard, Normandie, Haute-Pyrénées, Savoie, Tarn-et-Garonne,...) et quelquefois les traces en sont perceptibles dans le paysage ou dans l'architecture. Néanmoins, il ne nous appartient pas d'importuner les propriétaires et voisins de ces trésors cachés en invitant nos lecteurs à des expéditions de recherche pour le moins aléatoires.
Voici quelques adresses où vous serez bien accueillis :

En Provence

Rustrel

Le Colorado Provençal de Rustrel

Ces anciennes parcelles d'exploitation de l'ocre à ciel ouvert, entièrement balisées dans les années 60 par François Morenas pour les randonneurs, offrent un panorama particulièrement adapté à la lecture géologique du massif ocrier.

Minéral, faune, flore des ocres : le sentier de la Combe étroite et le sentier des Maîtres de forges retracent l'histoire de l'oxyde de fer à Rustrel. Possibilité de promenade de 1h à une journée. En cours : la présentation des lavages d'ocre du chantier des Gorgues, dont les équipements étaient encore en production il y a une dizaine d'années. Fête villageoise de l'ocre mi-août. *Renseignements en Mairie : 04 90 04 91 09 ou ADEP : 04 90 04 96 07.*

Rustrel

Le Conservatoire des Ocres et Pigments Appliqués

Situé dans l'ancienne usine d'ocre Mathieu à Roussillon, le Conservatoire a pour vocation de promouvoir les techniques traditionnelles d'utilisation des pigments et colorants. On peut y visiter les lavages et le Moulin du Jaune et le Moulin du Rouge ainsi que l'imprimerie de l'ancienne usine, remise en fonction. On y obtient des informations techniques pour l'utilisation des ocres et des autres couleurs. On peut s'inscrire à des ateliers d'initiation avec des artisans et voir des expositions à thème.

Enfin, on peut faire ses achats dans le comptoir de vente de terres colorantes et de pigments en poudre, matériaux, outils et aussi flâner dans la librairie spécialisée sur la couleur.

D104 - 84220 Roussillon tél 04 90 05 66 69 - Ouvert toute l'année.

Roussillon

La Bistourle

Le sentier des Ocres et le village de Roussillon

Environ 45 minutes d'ocre totale dans les anciennes carrières dont les nuances de l'orangé au rouge violine font toute la personalité de cette partie du massif ocrier. Des bornes discrètes jalonnent le parcours pour signaler les particularités botaniques. Le Sentier des Ocres est accessible depuis l'intérieur du village, lui-même très haut en couleur ! On peut le visiter avec un guide en prenant rendez-vous au Conservatoire. *Téléphone OTSI : 04 90 05 60 25.*

La Société des Ocres de France, Apt et Gargas

Dirigée par la famille Guigou, la S.O.F. est l'actuel et unique producteur dont les carrières et le site de lavage sont à Gargas et l'usine située impasse des Ocriers à Apt. *Pour les acheteurs en gros : Tél. 04 90 74 63 82. Pour visiter le site, sur rendez-vous uniquement, s'adresser au Conservatoire des Ocres. Tél. 04 90 05 66 69.*

Ets Chauvin à Apt

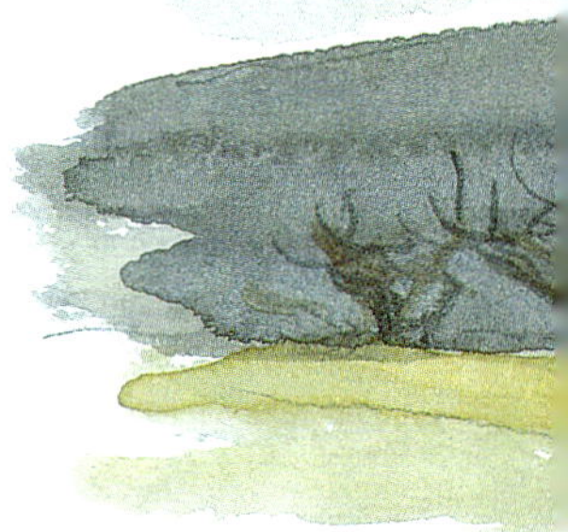

En quatre générations successives, le métier d'ocrier a fait place à la production de peintures, vernis et liants acryliques aux couleurs d'ocres et d'oxydés.

Magasin Route de Viton à Apt.

Ocres en Luberon

Regroupement des communes ocrières du Luberon qui ont mis au point pour relier leurs sites remarquables un circuit pédestre et un circuit cycliste.

Renseignements à la Maison du Parc Naturel Régional du Luberon - Tél. 04 90 04 42 00

Randonnée à Villars

La Commune a réalisé un très agréable parcours où se mêlent ocre et végétation. *Tél. 04 90 75 40 01*

… Sans oublier la «Cuvée des Ocres»

Côtes du Ventoux du Domaine de la Verrière, à Goult, dont les raisins sont vendangés en terrain ocreux.

En projet

Le Musée de l'aventure industrielle à Apt, la mémoire ouvrière et les mines-galerie à Gargas. Sans oublier Mormoiron, Villes et Bédouin, plus près du Mont Ventoux, où s'extrait encore l'argile verte à destination des laboratoires pharmaceutiques.

La garance

Dans le centre de la France

Château de la Beuvrière

«Autrefois, les seigneurs de la Beuvrière avaient seuls le droit d'extraire...» aujourd'hui, ils vous reçoivent pour bien dormir et bien souper. N'oubliez pas de jeter un œil, dans l'entrée, sur la plaque commémorative des splendeurs ocrières du passé. - *18 Saint-Hilaire de Court*
Tél. 02 48 75 14 63

Ocre d'Art

Atelier d'art contemporain située au 51, rue de l'Indre - 36000 Châteauroux. Son fondateur imaginatif, Gérard Laplace, vous racontera l'histoire du nom de la galerie.

Musée de l'ocre

Un charmant petit musée sur la place du village abrite les souvenirs de la vie communale ainsi que les archives et les objets témoignant d'un long passé ocrier dans ses environs.
18100 Saint-Georges sur la Prée. Tél. 02 48 52 00 20.

Les Loges

Restaurant dévoué à la cause de l'ocre, et pour cause ! Il est situé dans la bâtisse tout en colombage d'une ancienne ocrerie. Quelques recettes en contenant sont à la carte ; la famille Lipéri saura vous convaincre de tester cet ingrédient inattendu !

Les Michauds - 89240 Pourrain - Tél. 03 86 41 14 69.

Peintures murales en Puisaye

Fresques ocrées à Moutiers, danse macabre à La Ferté Loupière, peintures murales à Villiers et Ronchère :

Téléphonez à la Maison de Puisaye à Saint-Fargeau - Tél. 03.86.74.15.72.

Ocres de Puisaye

Société qui commercialise les ocres anciennement extraites du territoire du même nom et qui a réinstallé un magasin.

58200 Cosne sur Loire - Tél. 03 86 28 01 21

Dans les Ardennes

Le Moulin à Couleurs

Il broie des terres naturelles ardennaises (couleur terre de Sienne) et de la lignite mais il broie également des ocres et des colorants d'origines variées.

Ocre, terre du Monde

«Ainsi les Cavaliers en armes, à bout de Continents, font au bord des falaises le tour des péninsules.
- Midi, ses forges, son grand ordre… Les promontoires ailés s'ouvrent au loin leur voie d'écume bleuissante.
Les temples brillent de tout leur sel. Les dieux s'éveillent dans le quartz.
Et l'homme de vigie, là-haut, parmi ses ocres, ses craies fauves, sonne midi le rouge dans sa corne de fer»

Saint-John Perse

Art aborigène - Australie

*Bouteille décorée
Jordanie*

Terres colorées d'Afrique

Peinture - Tassili

Tissu imprimé - Côte-d'Ivoire

Les carnets d'atelier du conservatoire

«Et sache que cette ocre est une couleur courante, surtout utilisée à fresque ; car elle est employée, avec d'autres mélanges, comme je te l'expliquerai, pour les carnations, les vêtements, les montagnes peintes, les constructions, les chevelures et en général pour beaucoup de choses.»

Cennino Cennini

Il Libro dell'arte - XIVème siècle

Pourquoi préparer ses couleurs soi-même lorsque le commerce nous offre des peintures prêtes-à-l'emploi de haute technicité ? Tout simplement pour diriger son art et maîtriser son décor. Si l'on veut s'affranchir des coloris imposés par le service marketing du fabricant et conserver le libre choix du velouté, de l'opacité ou de la transparence, il faut composer soi-même son pot.

Lorsque l'on introduit des pigments sur les étagères de son atelier, c'est le début d'une grande histoire d'amour. Bien sûr, les savoirs ancestraux ne peuvent se résumer en quelques lignes et la plupart des recettes qui suivent méritent, pour se parfaire, des années d'apprentissage. C'est, comme en cuisine, toute la différence entre l'apprenti et le maître, entre l'amateur et le professionnel, chacun obtient la qualité de résultats que lui confère son degré d'expérience et de sensibilité.

Mais il faut bien commencer son initiation un jour ou l'autre ! Voici pour vous y aider quelques notes glanées lors des ateliers d'initiation que des artisans spécialisés viennent donner dans les ateliers de l'ancienne usine d'ocre Mathieu, à Roussillon, devenue aujourd'hui Conservatoire des Ocres et Pigments Appliqués.
Ne prenez pas tout à la lettre, mais inspirez-vous des principes pour mener vos propres expériences !

USINE MATHIEU
OKHRA
CONSERVATOIRE DES OCRES
ET PIGMENTS APPLIQUES

LES PRINCIPES EN PEINTURE

Au fur et à mesure que j'observai les artisans en démonstration de leur travail, je remarquai des similitudes, des axiomes simples mais persistants, sorte de 10 commandements qui sont une condition sine qua non pour surmonter la tête haute les étapes de départ.

La peinture ? Une règle de trois.

un pigment + un liant + un diluant

(ex : ocre) *(ex : gomme arabique)* *(ex : eau)*

Une fois acquis ce principe de base, il suffit de regarder autour de soi ce qui colle et d'entamer ses propres expériences.

Dans une maison, on a souvent sans le savoir de nombreux liants pour peinture : du jaune d'œuf, du blanc d'œuf, de l'amidon ou des fécules, de la gélatine ou de la colle de poisson, de la bière, du lait écrémé en poudre, de l'huile de lin, de la colle à papier peint, de l'encaustique…

Dans certains cas, l'axiome de base doit s'enrichir d'un adjuvant complémentaire ; par exemple, dans la peinture à l'huile, on met une goutte de siccatif pour éviter d'attendre des jours et des jours entre chaque couche. Ou encore, dans la peinture à la chaux, on ajoute un fixatif pour empêcher le *farinage* des murs.

Faites des essais !

Une règle absolue : il est vraiment trop dommage d'avoir passé son week-end à ocrer salon, couloir et chambres pour s'apercevoir le dimanche soir que ce n'était pas la couleur dont on avait envie. Selon les modes de peinture, entre la peinture humide et l'aspect sec, la couleur peut perdre jusqu'à 80% de son intensité. La matière elle-même est importante. Devient-elle mate, brillante, foncée ? Enfin, la couleur est dominée par la lumière ambiante. Les tons aperçus dans un magasin seront forcément modifiés, une fois rentré chez vous, par le reflet des huisseries vertes de votre couloir ou par l'éclairage électrique de votre salle de bain ou parce que vous avez oublié que votre fond de mur gris serait difficile à rendre chaleureux ! Essayez, faites des variantes, dans un recoin s'il le faut, laissez sécher et mettez vous en action lorsque vous êtes décidé.

Poudres… en pâte

Imaginez de jeter une poignée de farine dans un bol d'huile : grumeaux garantis ! Alors, prenez les mêmes précautions avec les pigments en poudre. Préparez-les sous forme de pâte ; pâte que vous n'aurez aucune difficulté à mélanger, dans un deuxième temps, avec une colle (les peintres les plus exigeants laissent «infuser» leurs pigments, quelquefois les rebroient à l'eau ou à l'huile. Certains, même, léviguent - relavent et décantent - les ocres avant de les utiliser).

Du plus épais au plus dilué !

On peut toujours diluer une pâte trop épaisse. Il n'est pas évident de réépaissir 15 litres de peinture trop liquide… Alors, partez toujours du plus épais pour atteindre la fluidité idéale. Cela s'appelle «allonger» la pâte.

La pointe du pinceau

Pinceau ou brosse, même discipline. Il ne s'agit pas de plonger son ustensile au fond du récipient pour l'engluer d'une peinture qui redégoulinera sur vos manches dès que vous aurez levé le bras. On humecte les poils du pinceau sur l'extrêmité et l'on «revient au pot», posé à proximité, aussi souvent que nécessaire.

Vincent Tripard, artisan-peintre décorateur aptésien, a coutume de dire pour décrire son geste qu'un badigeon à la chaux se «pose», tandis qu'une peinture à l'huile se «tire»…

La marque du sérieux : le chiffon !

Travailler manuellement, peindre, c'est prévenir les tâches en permanence, absorber le trop plein sur les poils du pinceau, se sécher les mains pour ne pas salir son décor, essuyer le bord d'un récipient, enlever une goutte sur le support. Alors, l'outil dans une main et le chiffon callé dans la paume opposée !

«Gras sur maigre»

On «accroche» toujours gras sur maigre. Autrement dit, il faut toujours que la couche précédente garde une capacité d'absorption pour recevoir la suivante.

Mille et une recettes

Il ne faut pas suivre les recettes à la lettre. Les principes sont faits pour s'adapter. En peinture, on doit tout d'abord observer son support : s'il est poreux, on devra l'emplir par couches successives d'une peinture fluide. S'il est lisse, seule une peinture très collante pourra y adhérer. Est-il solide ? doit-il devenir mat ou lumineux ? Il n'y a pas de recette passe-partout car elle serait aussi restrictive que le pot prêt-à-l'emploi. Il existe mille et une recettes perpétuellement à réinventer.

LES ENDUITS DE FINITION A LA CHAUX

Pour tous ces enduits attention, au vent et au soleil : la chaux mérite de se déshydrater en douceur… Travailler en épaisseur, avec les outils du maçon, ne s'improvise pas. Il y a le geste. Il y a aussi la maîtrise des éléments. La saison chaude recquiert plus d'eau et plus de surveillance du fissurage. Il vaut mieux être un peu initié. Ou alors, choisir de bons stages et de bonnes lectures !

La qualité du mur-support est déterminante pour choisir la composition de son enduit.

Le mur doit être dépoussiéré et légèrement humide avant de commencer.

Mélanger, par exemple, la chaux aérienne éteinte pour le bâtiment (1 volume) avec le sable (2 volumes) et ajoutez des pigments. Les terres naturelles résistent à la chaux et il est inutile d'en mettre beaucoup, ce sont la chaux et le sable qui, par leur volume, domineront la couleur de l'enduit.

LES ENDUITS FINS À LA CHAUX ET À LA POUDRE DE MARBRE

Qu'ils s'appellent **stucco, marmorino ou taddelakt,** ces enduits typiques du monde méditerranéen ont pour point commun la douceur soyeuse et sensuelle de leur toucher. Composés de poudres fines qui ne laissent pas de grain au séchage, ils sont lissés à frais avec un corps gras qui finit de satiner leur aspect.

Le taddelakt pur et dur est réputé se faire sans autre ingrédient que l'eau, les pigments et la chaux (marocaine et introuvable en France bien entendu). Les quelques rares artisans qui le pratiquent en Europe sont plus proches de la technique commentée par le guide de la toute nouvelle grande mosquée de Casablanca, qui explique aux touristes curieux que les murs ont été enduits d'un mélange de chaux, de poudre de marbre, d'eau et de pigments, fini au savon et quelquefois à l'œuf.

Aujourd'hui, la plupart des fabricants de chaux fournissent des mélanges pour stucco déjà équilibrés qu'il ne vous restera plus qu'à colorer.

À titre indicatif

- *chaux aérienne* 2 volumes
- *eau* 1 volume
- *poudre de marbre* 1 volume
- *terres colorantes*

stucco

- finition à la cire
- lisseuse métallique fine

taddelakt

- finition au savon noir
- lissage au galet

BADIGEON A LA CHAUX

Traditionnellement, en campagne, le chaulage de printemps était l'occasion de purifier, à la chaux vive tout juste éteinte à l'eau, l'atmosphère des maisons après le confinement de l'hiver. Purifier, assainir, rendre leur blancheur aux murs et pourquoi pas un peu de couleur ? Le badigeon va du simple chaulage aux effets les plus sophistiqués. Sur les murs à la chaux, on peut l'appliquer sur enduit sec ou, mieux, sur enduit frais. Le badigeon est la suite minérale cohérente du bâtiment, poétise l'artisan Vincent Tripard. Il n'est plus très facile de trouver de la chaux vive à éteindre soi-même aujourd'hui et son usage n'est pas sans danger, surtout si il y a des enfants à proximité. On peut utiliser la chaux aérienne éteinte pour le bâtiment(CAEB). Il est sinon recommandé d'utiliser une chaux grasse en pâte déjà éteinte mais qui a gardé dans son «lait» toutes les qualités voulues.

Sur les plâtres, bois et autres support, il est nécessaire de préparer les fonds, afin de les rendre compatibles avec la chaux, ou de choisir d'autres modes de peinture, à la détrempe, dont nous livrons la recette plus loin.

Coloration sur enduit frais

- 1 volume de chaux aérienne - facultatif
- 10 volumes d'eau
- 3/4 en vol. max. de terre colorante - pas d'adjuvant

NUANCIER

ocre jaune clair
ocre jaune foncé
ocre jaune citron
havane
rouge
l'œuf
l'huile de lin
la chaux

sienne naturelle	*sienne brûlée*	*vert*	*blanc*	*ardoise*	*terre d'ombre*	*terre d'ombre brûlée*

Badigeon sur mur sec, à la chaux

ne pas hésiter à humecter le mur

- 1 volume de CAEB
- 2 à 3 volumes d'eau
- 1/5ème en volume de terre colorante
- 1/10ème en volume d'adjuvant (résine acrylique ou colles diverses, ou gommes, ou sel d'alun, ou caseïne, ou adjuvant spécial chaux)

Poser à la brosse avec un geste croisé en «8» pour garantir un bon aspect. deux à trois couches selon l'effet recherché.

LES PLÂTRES CIRÉS

Il ne faut pas abuser de ces effets doux et lisses qui octroient une présence un peu forte aux murs. Le luxe a quelquefois, bien dosé, ses attraits :
Sur plâtre sec et dépoussiéré, passez à la brosse une préparation de cire (pour 5 l d'eau, 500 gr de cire blanche et 300 gr de carbonate de potassium) additionnée de savon de marseille râpé (300 gr). Entre chaque couche, laissez sécher et frottez au chiffon de laine.
Attention : durci et lisse, le plâtre ciré ne reçoit pas facilement de nouvelles finitions si il vous vient l'envie de changer de décor.

LA PEINTURE À LA CASÉINE

C'est la technique qui amuse les amateurs d'anecdotes parce qu'on l'obtient notamment à partir du fromage blanc à 0%. Ce sont les protéines du lait qui servent de colle. La caséine est l'une des plus ancienne colle à peinture du monde civilisé. On ajoute au fromage blanc écrémé, 20% de son poids en chaux grasse éteinte puis on allonge le mélange à l'eau. Cette colle, une fois mélangée et posée, devient résistante à l'eau.

Attention : ne pas utiliser cette peinture dans des endroits humides (salles de bains, cuisines) ou sur des bois à tanin (chêne par exemple).

LA PEINTURE ROUGE À LA FARINE BOUILLIE

Cette peinture étonnante était autrefois utilisée en Suède sur les maisonnettes en bois qui s'approchaient ainsi au mieux des maisons bourgeoises en brique dure. Aujourd'hui, le bois peint à la farine bouillie est un must pour tous les suédois, comme le sont chez nous les vieilles pierres et les enduits à la chaux. La recette traditionnelle consiste à mélanger dans 25 litres d'eau bouillante, 1 kg de sulfate de fer auquel, une fois dissout, on ajoute un bon kilo de farine de seigle fine. Puis, après un quart d'heure de cuisson, 4 kilos de pigment rouge sont introduits en brassant continuellement un nouveau quart d'heure. Lorsque la peinture est homogène, on l'écarte du feu pour lier la préparation à l'huile de lin. Cette peinture est réputée tenir 10 ans aux climats les plus rudes (on connaît le froid et l'humidité de la Scandinavie !).

PEINTURE À LA COLLE

Les colles animales (colles d'os, colles de peau, colles de poissons) s'utilisent principalement en ébénisterie, en lutherie, en polychromie ou en dorure et pour bien d'autres techniques liées au bois. On s'en sert tant pour coller que pour peindre d'ailleurs. Les colles de peau, les plus courantes, s'achètent en plaque, en grain ou en poudre. La veille de l'utilisation, on fait gonfler la colle dans l'eau (100g de colle pour 1 litre d'eau) et on chauffe le tout au bain-marie sans dépasser 60° pour ne pas «user» la colle. On peut ajouter de l'eau tiède au besoin pour diluer la préparation.

La colle telle quelle s'utilise pour préparer un support, pour «encoller» une toile par exemple. On peut aussi la mélanger à du blanc de Meudon (dit encore Blanc de Troyes ou Blanc d'Espagne) ou à du plâtre mort (pour le gesso) pour couvrir le support d'un revêtement blanc, fin et lisse.

Entre chaque couche, on ponce légèrement afin de donner une accroche à la couche suivante. Le débutant pose 3 couches sur une petite étagère en pin ; l'artiste iconographe superpose jusqu'à 15 à 17 couches poncées au plus fin avec de la tige de prêle.

Lorsque le support est suffisament couvert, on peut commencer à peindre, à la colle de peau, mélangée avec les pigments toujours en pâte, ou l'on peut peindre à l'huile, à l'œuf, à la cire.

Attention : Il ne faut préparer que la quantité nécessaire à l'emploi du jour, car il n'est pas recommandé de la réchauffer plusieurs fois.

LE GLACIS À LA BIÈRE BRUNE

Cette finition assure le succès des fins d'ateliers de Thierry Herbinière. Il choisit la bière brune qui est plus collante et il ouvre la bouteille la veille de l'utilisation afin de perdre un peu du moussant et gagner du pouvoir collant. La bière s'utilise plus facilement avec des terres fines comme la terre d'ombre brûlée, qui ne gêne pas la transparence. Elle donne la touche de vieillissement nécessaire à une polychromie un peu trop vive d'être peinte de neuf.

Attention : la bière est suffisante pour vieillir l'aspect, elle ne sert pas à peindre de façon couvrante. Il est recommandé de vernir cette finition.

LA DÉTREMPE À L'AMIDON DE RIZ

Vous faites cuire du riz pour le dîner : gardez l'eau de cuisson qui sera un liant pour peinture original, qui plus est totalement inoffensif pour les enfants.

Attention : si le riz est trop cuit, l'amidon aussi et son pouvoir collant est abîmé d'autant.

ET ON PEUT AUSSI PEINDRE À LA RÉSINE ACRYLIQUE OU VINYLIQUE

Ces liants de nouvelle génération s'utilisent très couramment et ils se diluent facilement à l'eau. Ils servent aussi quelquefois d'adjuvant dans des peintures à liant plus instable. On trouve désormais l'acrylique sous forme de gel incolore, avec lequel les pigments deviennent film coloré.

LES PEINTURES À L'HUILE

Il y a la peinture à l'huile du peintre en bâtiment, pour portes et volets de bois.
On la prépare en malaxant bien l'huile de lin crue (elle est claire) avec le pigment, puis en diluant avec de l'essence de térébenthine pour obtenir la fluidité voulue.
Pour que la peinture ne poisse pas trop longtemps après sa pose, on peut utiliser de l'huile de lin cuite (elle est plus brune), plus siccative, ce qui signifie qu'elle sèche plus facilement.

Attention : l'huile, c'est gras ! vos couleurs finies seront, par exemple, plus foncées qu'avec la plupart des techniques à l'eau.

Lorsque l'on aborde la peinture à l'huile pour artistes, on se campe devant une infinité de recettes, astuces, secrets d'ateliers. Claude Yvel, peintre contemporain, maîtrise si bien cette technique qu'il la transmet désormais aux artistes en quête des savoir-faire des siècles passés. Le peintre Gérard Garouste prépare lui même ses tubes à l'huile, qu'il façonne grands, à la dimension de ses toiles.

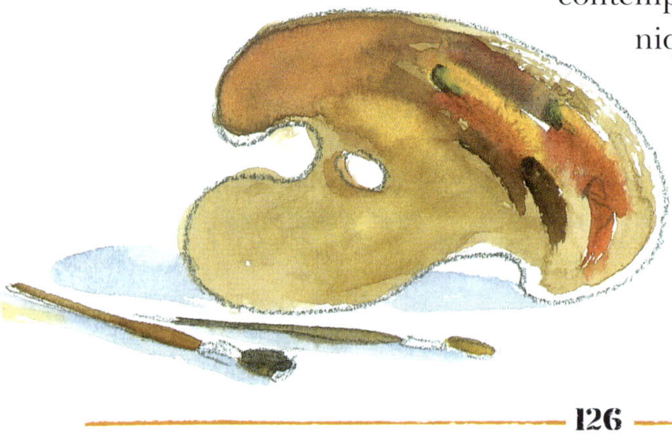

Ce nouvel engouement suppose de broyer ses couleurs soi-même, de les écraser finement avec l'huile à la mollette puis de les travailler longuement au couteau plat.
La difficulté réside surtout dans la conservation. Ces préparations demandent un apprentissage minutieux.

L'AQUARELLE ET SA PETITE SŒUR, LA GOUACHE

L'aquarelle est une technique à l'eau qui privilégie la transparence. On prépare les pigments broyés à l'eau. La veille, on fait gonfler la gomme dans l'eau : de la gomme arabique, de la gélatine ou de la gomme de pays (c'est-à-dire la gomme qui s'échappe des arbres de votre pays, cerisiers, pruniers, abricotiers,...). Attention aux fausses-amies : certaines gommes se diluent à l'alcool, on les classe alors parmi les résines (gomme damar, gomme laque...). Dans le mélange final, on pourra ajouter du miel ou du sucre candi.

La gouache est différente. La même base est additionnée d'une charge blanche qui rend plus opaque la peinture. L'aquarelle joue de transparences, tandis que la gouache est «couvrante».

LA TEMPERA À L'ŒUF

De l'œuf, on peut utiliser le blanc ou le jaune. Le blanc se fouette avec un peu d'eau. Le jaune s'utilise après que l'on se soit subtilement débarrassé de la membrane qui l'entoure. (Jean-Pierre Brazs, au cours d'une journée d'été, nous a mis dans la confidence : poser le jaune sur une feuille de sopalin, soulever la dîte feuille en réunissant ses 4 coins entre le pouce et l'index.

De l'autre main, piquer l'œuf au travers du papier avec une épingle : le jaune s'écoule et la membrane reste accrochée au papier et… votre public reste admirativement accroché à la démonstration).

Le jaune d'œuf se dilue à l'eau dans un petit bol : il vaut mieux casser ses œufs au fur et à mesure des besoins. on peut y introduire une goutte d'huile essentielle pour le parfum et/ou d'essence florale pour éviter le pourrissement.

La tempera à l'œuf, sur toile ou sur bois, est une technique artistique simple, économique et de longévité pluriséculaire !

LA TEMPERA GRASSE

On conserve le principe précédent que l'on enrichit d'huile de lin ou de cire.

LE PASTEL SEC OU GRAS

On commence par broyer les pigments à l'eau. Puis on rebroie avec une eau «collante» dans laquelle on a fait gonfler la veille de la gomme arabique ou mieux, de la gomme adragante en poudre. La pâte obtenue est étalée en une couche de l'épaisseur voulue.
Elle ne doit pas être complètement sèche au moment d'être coupée en bâtonnets. Si la colle est insuffisante, le pastel s'effrite. Si, au contraire, la colle le serre trop, il glisse sur le papier. Testez vos dosages avant de vous lancer dans une production intensive !
Avec la cire et l'huile, le pastel va s'enrichir d'une matière plus satinée, moins fragile à l'effacement.

L'OCRE ET LA TERRE CUITE

Bien que les ocres résistent mal à une chaleur prolongée, il arrive que l'on puisse les utiliser dans la composition de certains émaux (le fameux vert céladon ou la goutte d'huile par exemple) ainsi qu'en engobe.
Leur mélange en certaines proportions avec d'autres composants (la cendre, la chaux, la pierre-ponce…) met en jeu la silice que l'ocre contient toujours même en très faible quantité, et modifie le point de fusion en provoquant de très belles glaçures jaune foncé et brunes dorées.

LA PHOTOGRAPHIE À LA GOMME BICHROMATÉE ET AUX PIGMENTS

À force de performances technologiques, la photographie a fini par lasser certains de ses artisans en recherche de matières, de nuances et d'intensité. Le procédé à la gomme bichromatée et aux pigments offre une grande liberté quant au choix du papier (papier type aquarelle, épais, fin, à grain, à fil, chiffon, fibres végétales …pourvu qu'il résiste au trempage) et l'on joue des effets pigmentaires pour atteindre la croisée des chemins entre la sanguine, le pastel et le daguerréotype… Jean-François Cholley, photographe en Avignon, joue de ces terres-là.

Le principe

On apprête le papier avec une première couche de bichromate de potassium puis on l'enduit légèrement d'une émulsion composée de pigments, de gomme arabique et de bichromate de potassium. Alors, le met-on à sécher dans l'obscurité. Plus tard, on place en superposition un négatif de la même taille que celle de l'image finale, puis une vitre, avant d'exposer l'ensemble au soleil ou à une lampe à U.V. Là où la lumière atteint le bichromate, le mélange devient insoluble à l'eau. Là où elle filtre à demi, le mélange reste partiellement soluble. Là où la lumière est bloquée par la gélatine noire du négatif, le mélange sera emporté par le trempage de la feuille dans l'eau. C'est ainsi qu'apparaissent ces reliefs en subtile demi-teinte qui caractérisent le procédé de développement.

Natures mortes, animaux sur le vif, vues abstraites, les sujets les plus variés se prêtent mystérieusement à ce traitement resurgi des origines de la photographie. Jean-François Cholley l'a adopté pour révéler en douceur gestes et corps en suspend dans un souffle imaginaire.

Attention : le bichromate de potassium est un produit dangereux.
Il convient de l'utiliser avec précaution et de ne pas le laisser à portée des enfants.

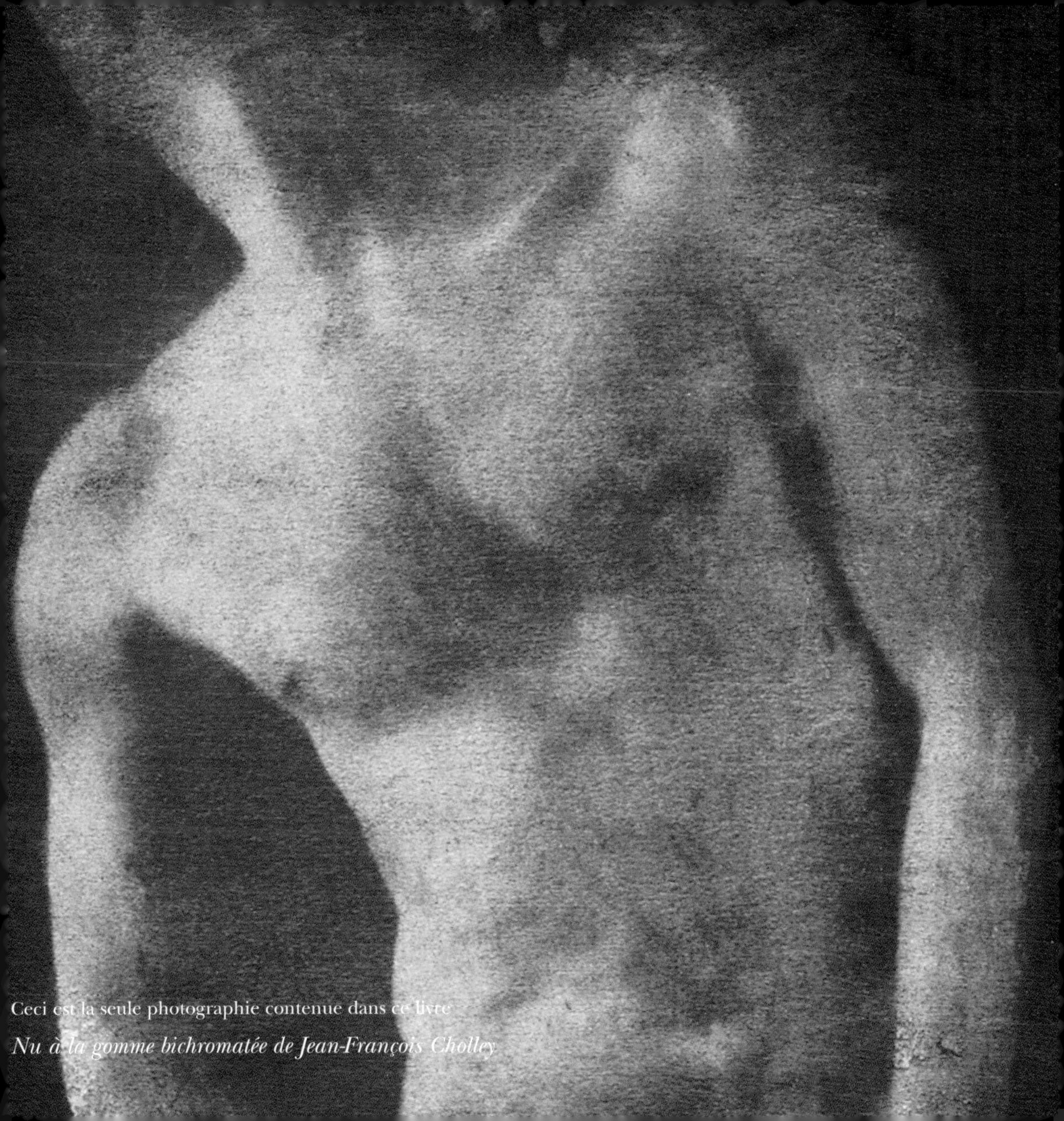

Ceci est la seule photographie contenue dans ce livre

Nu à la gomme bichromatée de Jean-François Cholley

ROUSSILLON EN PROVENCE, THÉÂTRE DE L'OCRE

«...*Delphes la Rouge !*» Jean Vilar

«Vladimir : *Mais tu as bien été dans le Vaucluse ?*
Estragon : *Mais non, je n'ai jamais été dans le Vaucluse !*
J'ai coulé toute ma chaude-pisse d'existence ici, je te dis,
dans la Merdecluse.
Vladimir : *Pourtant, nous avons été ensemble dans le Vaucluse,*
j'en mettrais ma main au feu. Nous avons fait les vendanges, tiens,
chez un nommé Bonnelly, à Roussillon.
Estragon : *c'est possible, je n'ai rien remarqué.*
Vladimir : *Mais là-bas, tout est rouge !*»

Samuel Beckett - En attendant Godot

En l'absence de théorie scientifique, ce sont souvent les histoires fantastiques qui viennent combler les interrogations populaires sur l'origine d'un phénomène, d'une œuvre naturelle extraordinaire. À Roussillon, petit joyau rouge sang, perché sur le minerai écarlate, la légende du village puise ses racines dans la plus pure tradition des contes moraux et cruels… où chacun s'autorise à enrichir la version précédente.

Dame Sirmonde, belle épousée, laissait périr de longues heures dans l'attente de son maître, le Seigneur de Seillans. Il chassait dans ses terres, combattait, guerroyait en des terres lointaines, s'éloignant souvent de son domaine. Dame Sirmonde, lassée, en vint à porter son attention sur un troubadour, Guillaume de Cabestaing, d'une façon qui outrepassa finalement les usages d'une cour de parade.

De langueurs en divertissements, la Dame et son troubadour se plurent en apartés et abandons du cœur qui commençaient de créer la rumeur alentours. Une indélicatesse survint et la romance fut dévoilée au Seigneur. Son orgueil fut piqué au vif et il conçut sa vengeance sur le champ.

Il fit convier le jeune homme à son côté pour une chasse exceptionnelle dont le chemin terrible avait été par lui-même préparé. La chasse eut lieu mais tous les chasseurs ne furent pas occupés par le même gibier. L'amant fut caché à l'agonie, transpercé de pointes et de morsures, l'époux sanguinaire ayant négligé la peine d'abrèger ses souffrances.

Lors du festin de chasse, la joyeuse tablée des seigneurs et voisins virent se succèder plats et récits, récits et plats, à l'habitude. Puis, le cours des réjouissances prit une autre tournure lorsqu'en un signal infligé aux jongleurs et aux musiciens pour s'interrompre, le Seigneur apparu haineux et vibrant de rage dressé sur le banquet.

«Ma Dame, clama-t-il, il me fut dit que vous appréciiez le cœur du jeune Cabestaing ; j'ai agi pour satisfaire votre gourmandise et c'est ainsi apprêté par notre cuisinier que vous venez de goûter ce cœur et même… de l'avaler tout entier !» et il partit d'un effroyable rire qui secoua les collines, tandis que déchirée, mortifiée et fuyant son horrible destin, la Dame s'en fût choir des hautes falaises dans un cri interminable, inondant de son sang les rochers qui portent désormais profondément et à jamais la couleur de son désespoir amoureux.

Et c'est ainsi que le domaine de Seillans devint le Roux-Seillans !

Lectures et regards... sur l'ocre !

Le Conservatoire des Ocres et Pigments Appliqués *à Roussillon fournit de nombreux ouvrages et documents pour l'approfondissement du vaste sujet des ocres, de leurs origines à leurs utilisations.*

Lectures

- **Argiles** - Beaufour nd
  prêt du Dr Cornand-Etienne
- **Artisanats traditionnels en Afrique noire**
  Nugue/Laget - ICA1985
- **Circuits touristiques dans le colorado provençal** - Morenas - Regain - nd
- **Les Couleurs** - Furetière Extrait du Dictionnaire XVIIè - Zulma 1997
- **Dictionnaire Technique de la peinture**
  André Béguin - 1992
- **Couleur lumière, couleur matière**
  P. Callet - Diderot Ed. 1998
- **Créativité en laboratoire**-Kodak 1979
- **Couleurs de la France / Couleurs de l'Europe**
  Lenclos
- **Géologie des Ocres de Provence**
  JM Triat - CNRS 1982
- **Gorée** - IFAN - 1993
- **L'illustration économique et financière**
  18.12.1926 & id. 31.12.1927
- **L'illustration** 12.9.1942
- **Des Liants et des Couleurs**
  Petit, Roire, Valot - EREC 1995
- **Il libro dell'arte**
  Cennino Cennini XIVè - Berger Levrault
- **Maisons méditerranéennes**
  Chossegros - GG 1991
- **Le Métier retrouvé des Maîtres**
  C. Yvel - Flammarion
- **Les Moulins à Couleurs des Ardennes**
  M. Coistia - Ed.TA 1991
- **Normes AFNOR :**
  NT 30001 octobre 1947
  NT36003 avril 1988

- **Notice sur les ocres de Bourgogne**
  J.Gressien - A.Lesire - 1878
- **L'Ocre, peindre et décorer**
  Després, Kirsch, Terzian
  Flammarion 1998
- **L'Ocre -** N. Fuste-Dautier - Parc Naturel Régional du Luberon/Edisud réed. 1997
- **L'Ocre de Berry**
  J.Pierre - Revue du Berry et du Centre 1905
- **L'Ocre, exactement ?**
  Riwan Tromeur - Terres et Couleurs 1998
- **L'Ocrière Mathieu à Roussillon**
  Francine Simonin - DRAC 1997
- **Peintres aborigènes d'australie**
  La Villette/Indigène Ed.1997
- **La Peinture à partir du matériau brut**
  Wacker - Ed. Allia 1996
- **De la Peinture à l'huile**
  Mérimée 1830 - Erec
- **Peintures et finitions à l'ancienne**
  Sloan & Gwynn - 1993
- **Pierres Utiles de Provence**
  JM Triat - CCI Marseille
- **Pigments et colorants -** CNRS 1990
- **Ressources Minérales du Vaucluse**
  CCI 84 1979
- **Techniques et pratiques de la chaux**
  École d'Avignon - 1995
- **Terre coloranti naturali e tinte murali a base di terre -** Natale & Scarzella - SAN 1989
- **Les Terres colorantes, comment et où les produit-on ? -** Terres et Couleurs 1998

Regards

- **Le Secret des Couleurs**
  CD ROM - Carré Multimédia 1997
- **4x26' sur les ocres du Luberon**
  FR3 méditérranée 1993
- **La Vallée qui saigne -** film 1956
  prêt de la cinémathèque Morenas / Regain
- **Mémoire d'ocre**
  T. Picq et JC Guillaume
  Bourgogne Production

Au fait, de l'ocre, où en trouver ? :

Autrefois, on achetait les pigments, ocres, terres naturelles et oxydes artificiels chez les droguistes-marchands de couleurs.
Aujourd'hui, ils sont disponibles dans tous les magasins de beaux-arts et dans les comptoirs de décoration pour professionnels ainsi que, pour les grossistes, chez leurs producteurs.
On trouve le plus large choix de ces terres colorantes dans quelques lieux très spécialisés
en Allemagne chez Kremer à Aichstetten,
en Italie chez Zecchi à Florence,
en France au Conservatoire
des Ocres et Pigments Appliqués à Roussillon.